깜찍한 풍선 장식
아기자기한 풍선 선물 Ⅱ

깜찍한 풍선 장식
아기자기한 풍선 선물 II

초판 1쇄 펴낸날 / 2006년 1월 20일

지은이 / 이성근 · 송인규
촬 영 / 엘린 스튜디오
디자인 / 예영B&P

펴낸이 / 김종관
펴낸곳 / 도서출판 에벤에셀
주 소 / 서울특별시 중구 충무로 5가 77-3
전 화 / (02) 2273-8384 팩시밀리 (02) 2273-1713

등록일 / 1993. 7. 15. 제 2-1587호
E-mail / ebenezer5933@hanmail.net
www.ebenbooks.com

값 8,500원

ISBN 89-85615-91-2 03630

책머리에

미사리에서 촬영을 마치고…

아이들에게 풍선을 만들어 주다 보면 이런 말을 듣게 됩니다.

"우리 엄마도 풍선 잘 만들어요."

"그 꽃 우리 선생님도 만들 수 있어요."

그 꽃은 제가 개발해서 그 아이에게 처음 만들어 주는 꽃이었는데….

아이들은 엄마나 자신의 선생님이 직접 만든 작품을 전문가들이 만든 작품보다 더 좋아 한다는 것입니다.

아이들과 교재를 따라 풍선을 만들다 보면

풍선 만들기가 그다지 어렵지 않다는 것을 느끼게 될 것입니다.

저희 아트풍선연구회에서는 건전한 풍선 문화의 보급과 저변확대를 위해 초 · 중 · 고생 및 영 · 유아 교육 담당자들이 보고 따라하기 쉬운 풍선아트 교재를 개발 보급하고 있습니다.

본 교재에 따라 풍선 장식을 함께 만들어 나가다 보면,

놀이를 통한 교육의 효과를 얻게 될 것입니다.

아트풍선연구회 이 성 근, 송 인 규

차례

풍선 관리 및 주의 사항

가. 아기들이 풍선 조각을 삼키지 못하게 조심하세요.

나. 260 풍선으로 만들어진 방울을 입으로 물지 못하게 주의하세요.
목(기도)이 막힐 염려가 있습니다.

다. 불지 않은 풍선은 함부로 잡아 당기지 않도록 하세요.
당길 경우에 모양이 어그러지고 표면이 약해져 터질 우려가 있습니다.

라. 작업 장소를 깨끗이 하시고, 먼지가 많은 곳은 피하는 것이 좋습니다.

마. 풍선 보관시 습기와 직사광선을 피해 주세요. 풍선이 산화될 수 있습니다.

바. 둥근 풍선으로 풍선 장식을 할 때 풍선의 크기를 일정하게 재는
습관을 들이세요.

사. 풍선을 불어서 묶을 때 주입구를 너무 세게 당기지 마세요.
풍선이 찢어질 수 있습니다.

풍선 장식 기본

가. 풍선 크기 재는 방법

A

▶ 사이저

B

▶ 페트 병
(페트 병 사이로 풍선을 통과 시키세요.)

※ 페트 병에 물을 가득 채우는 것을 잊지 마세요.

C

▶ 두꺼운 종이
(종이에 구멍을 내세요.)

나. 풍선 묶기

A

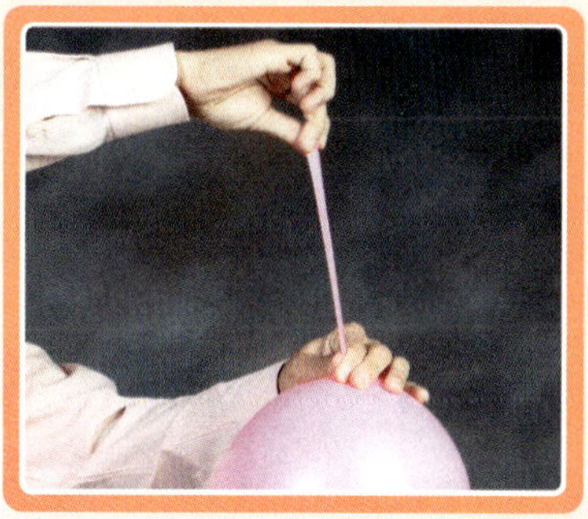

▶ 주입구 당기기

B

▶ 손가락에 감기

C

▶ 묶기

다. 페어(풍선 2개 묶음, 풍선 장식의 최소 단위)

A

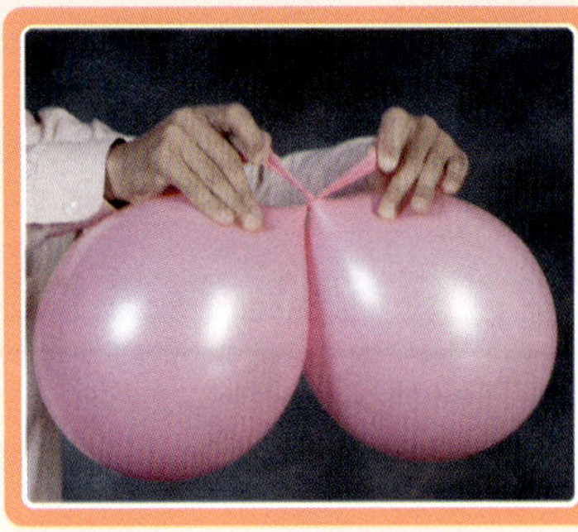

▶ × 만들기

B

▶ 십자가 만들기

C

▶ 묶기

라. 클러스터

(낱개의 풍선을 2, 3, 4, 5개 등으로 묶어 놓은 것, 장식의 기본)

A

▶ 풍선 3개 묶기

B

▶ 클러스터(페어+페어)＝4

C

▶ 클러스터(페어+1)+페어＝5

마. 풍선 작품을 벽이나 천정에 붙이는 방법

A

▶ 벽이나 천정에 셀로판테이프를 붙이고 그 위에 마운트를 붙여 주세요.

B

▶ 마운트에 260 풍선이나 낚싯줄을 묶어 주세요.

C

▶ 260 풍선이나 낚싯줄을 풍선 작품에 감아 풍선 작품을 고정시켜 주세요.

바. 헬륨을 사용하지 않고 헬륨 효과를 내는 방법

A

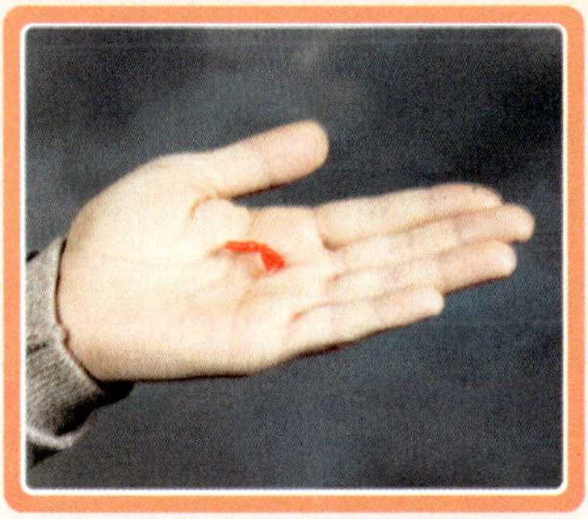

▶ 풍선 조각을 준비해 주세요.

B

▶ 풍선 조각이 라운드 풍선 정 중앙에 오게 한 후 낚싯줄로 라운드 풍선과 풍선 조각을 같이 묶어 주세요.

C

▶ 라운드 풍선에 공기를 주입한 후 묶어 주시고, 천정에 마운트를 붙이고 낚싯줄을 이용해 마운트에 고정시켜 주세요.
(※ 링코룬 풍선을 사용해도 같은 효과를 낼 수 있습니다.)

색상표

STANDARD COLORAS

Dark Blue	Green	Red	Yellow	Orange	Pink	Pale Blue	White
다크 블루	그린	레드	옐로우	오렌지	핑크	페일 블루	화이트

JEWEL-TONE COLORAS

Onyx Black	Cocoa Brown	Quartz Purple	Sapphire Blue	Emerald Green	Ruby Red	Citrine Yellow	Mandarin Orange	Sparkling Burgundy	Amethyst Violet	Diamond Clear
오닉스 블랙	코코아 브라운	쿼츠 퍼플	사파이어 블루	에메랄드 그린	루비 레드	시트린 옐로우	만다린 오렌지	스파클링 버건디	암시스트 바이올렛	다이아몬드 클리어

FASHION-TONE COLORAS

Sky Turquoise	Winter Green	Tropical Teal	Goldenrod	Geogia Peach	Rose	Spring Lilac	Ivory Silk
스카이 터쿠오스	윈터 그린	트로피칼 틸	골든로드	조지아 피치	로즈	스프링 라일락	아이보리 실크

SUPERAGATE COLORAS

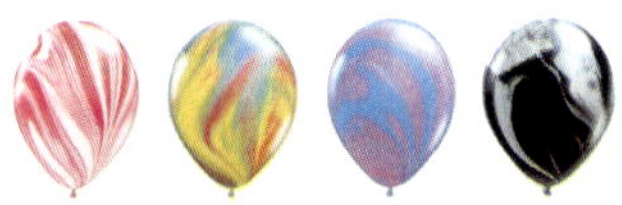

Red & White	Traditional	Fashion	Black & white
적/백 혼합	무지개 혼합	패션 혼합	흑/백 혼합

METALLIC COLORAS

Silver	Gold
실버	골드

PEARL-TONE COLORAS

Pearl Ivory	Pearl Azure	Pearl Mint Green	Pearl Lavender	Pearl Peach	Pearl Pink	Pearl Light Blue	Pearl White
펄 아이보리	펄 아주르	펄 민트 그린	펄 라벤더	펄 피치	펄 핑크	펄 라이트 블루	펄 화이트

Pearl Burgundy	Pearl Forest Green	Pearl Midnight Blue	Pearl Teal	Pearl Fuchsia	Pearl Sapphire Blue	Pearl Emerald Green	Pearl Ruby Red	Pearl Citrine Yellow	Pearl Quartz Purple	Pearl Onyx Black
펄 버건디	펄 포레스트 그린	펄 미드나잇 블루	펄 틸	펄 푸치샤	펄 사파이어 블루	펄 에메랄드 그린	펄 루비 레드	펄 시트린 옐로우	펄 쿼츠 퍼플	펄 오닉스 블랙

하트 쥬얼톤 혼합

다이아몬드 클리어, 에메랄드 그린, 사파이어 블루, 쿼츠 퍼플, 만다린 오렌지, 루비 레드, 시트린 옐로우

하트

레드, 핑크, 화이트 혼합

지오꽃 쥬얼톤 혼합

다이아몬드 클리어, 에메랄드 그린, 사파이어 블루, 쿼츠 퍼플, 만다린 오렌지, 루비 레드, 시트린 옐로우

지오꽃 라이트펄톤 혼합

펄 화이트, 펄 민트 그린, 펄 라이트 블루, 펄 레몬 쉬폰, 펄 라벤더, 펄 마우브, 펄 핑크, 펄 피치

지오도넛 쥬얼톤 혼합

다이아몬드 클리어, 에메랄드 그린, 사파이어 블루, 쿼츠 퍼플, 만다린 오렌지, 루비 레드, 시트린 옐로우

260Q 트레디셔널 혼합

만다린 오렌지, 에메랄드 그린, 페일 블루, 화이트, 핑크, 사파이어 블루, 쿼츠 퍼플, 루비 레드, 시트린 옐로우, 오닉스 블랙

260Q 엔터데이너 혼합

윈터 그린, 골든로드, 로즈, 코코아 브라운, 스프링 라일락, 그레이, 암시스트 바이올렛, 다이아몬드 클리어

260Q 메탈 혼합

메탈 실버, 메탈 골드, 펄 틸, 펄 푸치샤, 펄 오닉스 블랙, 펄 화이트

160Q 트레디셔널 혼합

만다린 오렌지, 에메랄드 그린, 페일 블루, 화이트, 핑크, 사파이어 블루, 쿼츠 퍼플, 루비 레드, 시트린 옐로우, 오닉스 블랙

350Q 트레디셔널 혼합

만다린 오렌지, 에메랄드 그린, 페일 블루, 화이트, 핑크, 사파이어 블루, 쿼츠 퍼플, 루비 레드, 시트린 옐로우, 오닉스 블랙

321Q 트레디셔널 혼합

만다린 오렌지, 시트린 옐로우, 화이트, 핑크, 루비 레드

646Q 트레디셔널 혼합

만다린 오렌지, 에메랄드 그린, 페일 블루, 화이트, 핑크, 사파이어 블루, 쿼츠 퍼플, 루비 레드, 시트린 옐로우, 오닉스 블랙

260Q Single Colors

핑크	사파이어 블루	윈터 그린	코코아 브라운	실버	펄 화이트
페일 블루	에메랄드 그린	골든로드	암시스트 바이올렛	골드	
화이트	루비 레드	로즈	다이다몬드 클리어	펄 틸	
오닉스 블랙	시트린 옐로우	스프링 라일락		펄 푸치샤	
쿼츠 퍼플	만다린 오렌지	그레이		펄 오닉스 블랙	

풍선 용어

▶ **260 (260 Balloon)**

260은 풍선에 공기를 주입했을 때의 두께가 2인치(1인치=2.54㎝), 길이가 60인치를 나타낸다.

▶ **풍선꽃 (Balloon flower)**

여러 개의 풍선을 꼬아서 꽃모양으로 만든 풍선 장식.

▶ **풍선 포장기계 (Balloon Stuffer)**

큰 풍선에 작은 풍선이나 선물 등을 넣을 수 있도록 하는 기계나 기구.

▶ **산화 (Oxidation)**

열이나 직사광선, 습기 등에 의해 풍선은 산화된다.

▶ **이중 풍선 (Twin Balloon)**

조그만 풍선을 큰 투명 풍선 안에 넣고 주입구를 함께 묶어 놓은 것.

▶ **막대 풍선의 종류 (요술 풍선)**

160, 260, 321, 350, 418, 624 등.

▶ **장식 풍선 (둥근)의 종류**

5"(인치), 7", 9", 11", 12", 16", 18", 19", 3피트, 4피트, 5피트 등.

▶ **레이텍스 (Latex)**

풍선의 원료가 되는 고무.

▶ **패션 칼라 (Fashion Colors)**

핑크, 아이보리, 라이락, 틸, 피치 등 파스텔 색상 계열.

▶ **쥬얼톤 · 젬톤 칼라 (Jeweltone · Gemtone Colors : 보석톤)**

불었을 때 속이 훤히 비쳐서 보이는 풍선 칼라류.

▶ **메탈릭 (Latex Metallic)**

고무 풍선에 금속 칼라를 입힌 풍선, 금색 · 은색이 대표적이다.

초 · 중 · 고 및 영 · 유아 교육관계자들을 위한 풍선아트 교재

깜찍한 풍선 장식
아기자기한 풍선 선물 Ⅱ

1 꼬마천사

필요한 재료

▶ 5" 21개, 260 2개, 9" 1개

① 5"(인치) 풍선을 5" 크기로 2개 불어
묶어 주세요.

② 5" 풍선을 5" 크기로 3개 불어 묶어 주세요.

③ 풍선 5개를 합쳐 5클러스터(풍선 묶음단위)를
만들어 주세요.

④ 5클러스터 가운데에 260 풍선 1개를
묶어 주세요.

⑤ 5" 풍선 5개를 4.5" 크기로 불어 주세요.

⑥ 4.5" 크기의 5클러스터 풍선을
5" 크기 풍선 위에 올려 260 풍선으로
감아 고정시켜 주세요.

⑦ 5" 풍선 5개를 4" 크기로 불어 4.5" 위에
올려 260 풍선으로 감아 고정시켜 주세요.

⑧ 5" 풍선 5개를 3.5" 크기로 불어 4" 위에
올려 260 풍선으로 감아 고정시켜 주세요.

⑨ 9" 풍선을 7.5" 크기로 불어 주세요.

⑩ 풍선단 맨 위에 7.5" 크기의 천사 얼굴을 고정시켜 주세요.

(※ 밑에서 3번째 단에 풍선 주입구를 감은 다음 묶어 주세요.)

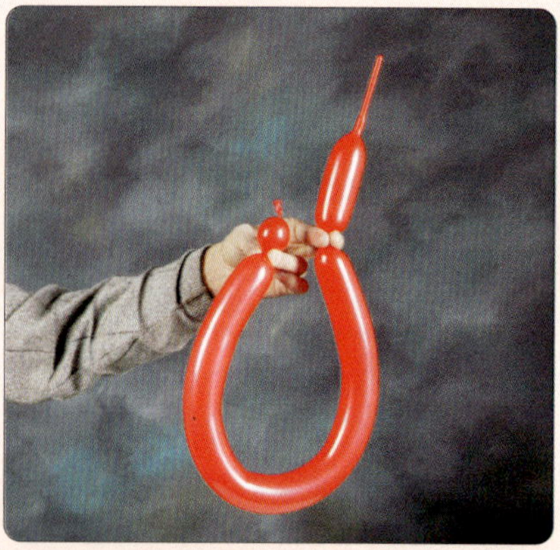

⑪ 260 풍선을 7~8㎝ 남기고 불어 앞에는 3㎝ 방울, 뒤에는 10㎝ 방울을 만들어 주세요.

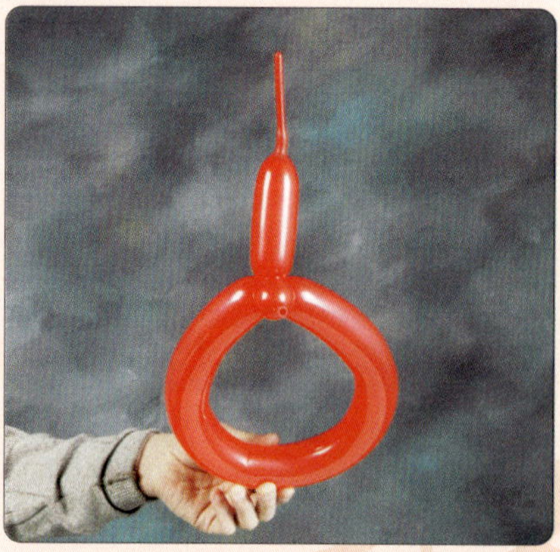

⑫ 10㎝ 방울과 3㎝ 방울을 잠그기 해 주세요.

⑬ 10㎝ 방울을 5㎝만 위로 밀어 올리고
천사의 머리에 끼워 주세요.

⑭ 260 풍선을 2㎝ 남기고 불어 주입구와
풍선 끝을 묶어 큰 고리를 만들어 주세요.

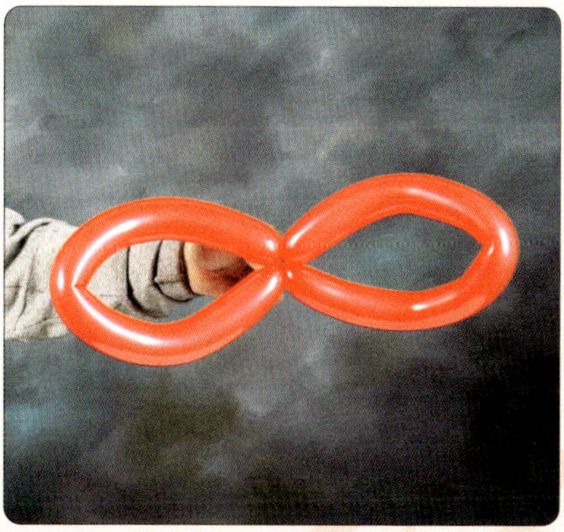

⑮ 큰 고리를 반으로 나누어 풍선 주입구와
풍선 끝을 이용해 천사날개를
풀리지 않게 묶어 주세요.

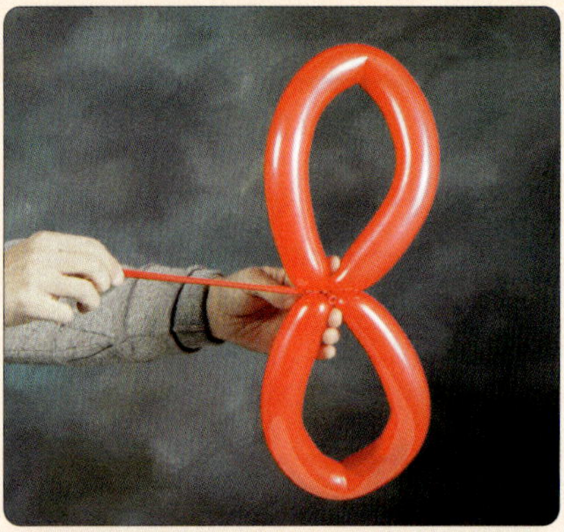

⑯ 천사날개 가운데에 260 풍선을 반으로 잘라
묶어 주세요.

⑰ 5" 풍선 1개를 3.5" 크기로 불어 천사날개
가운데에 고정시켜 주시고, 묶어 놓은
260 풍선을 이용해 위에서 2번째 단에
묶어 날개를 고정시켜 주세요.

⑱ 눈과 코를 그려 꼬마 천사를 완성시켜 주세요.

2 바람개비 방울꽃

필요한 재료 ▶ 260 2개, 5" 1개

① 260 풍선을 3㎝ 남기고 불어 주세요.

② 40㎝ 방울을 만들어 주세요.
(※ 40㎝ 두 뼘 정도)

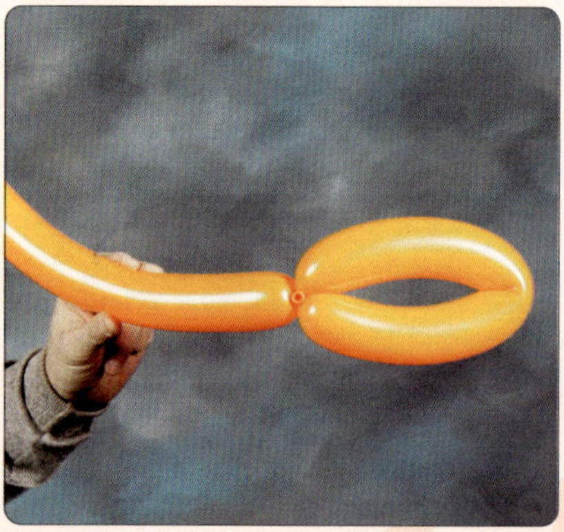

③ 40㎝ 방울을 주입구를 이용해 고정시켜 주세요.
(※ 주입구를 40㎝ 방울 옆으로 돌리고, 큰 방울 사이로 주입구를 넣어 주입구를 세게 당겨 주시면 큰 방울이 고정될 수 있습니다.)

④ 40㎝ 방울을 만들어 20㎝ 고리를
만들어 주세요.

⑤ 20㎝ 고리를 1개를 더 만든 후(3개)
나머지는 잘라 주입구와 끝을
잘 묶어 주세요.

⑥ 5" 풍선 1개를 3.5" 크기로
불어 주세요.

⑦ ⑥번 풍선의 주입구를 이용해 꽃잎 3개 가운데에 풀리지 않게 고정시켜 주세요.

⑧ 260 풍선 1개를 이용해 20㎝만 공기를 주입해 묶어 주세요.

⑨ 3㎝ 방울 9개를 만들어 주세요.

⑩ 나머지는 잘라 주시고, 주입구와 끝을 묶어
방울 9개짜리 팔찌 모양을 만들어 주세요.

⑪ 팔찌 모양 방울을 3.5" 크기의
풍선 가운데에 끼워 주세요.

3 큰꽃잎

필요한 재료

▶ 260 3개, 5" 1개

① 260 풍선 1개를 2㎝ 남기고 불어 주세요.

② 주입구와 끝을 묶어
큰 고리를 만들어 주세요.

③ 반으로 접어 가운데를 표시해 주세요.

④ 주입구와 풍선 끝을 묶어 2개짜리 꽃잎을 만들어 주세요.

⑤ 2개짜리 꽃잎을 2개 더(3개) 만들어 주세요.

⑥ 풍선 3개를 합쳐 큰 꽃잎을 만들어 주세요.

⑦ 5" 풍선을 4" 크기로 불어 주세요.

⑧ 꽃잎 가운데에 4" 크기의 풍선을 고정시켜 주세요.
(※ 4" 풍선 주입구를 꽃잎에 2~3번 감아 주시면 고정됩니다.)

4 풍선벽 아치

필요한 재료

▶ 6" 링코룬 12개, 12" 링코룬 12개

① 6" 링코룬 풍선을 5" 크기로
2개 불어 묶어 주세요.

② 12" 링코룬 풍선을 7.5" 크기로
2개 불어 묶어 주세요.

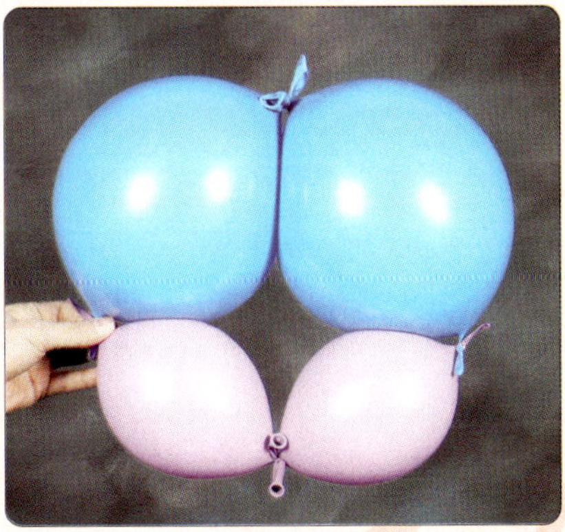

③ 5" 크기의 풍선과 7.5" 크기의 풍선 4개를
사진과 같이 묶어 주세요.

④ 4개의 풍선 묶음 1개를 더 만들어
함께 묶어 주세요.

⑤ 풍선 묶음을 여러 개 만들어 묶어 주시고
테이프나 마운트를 이용해
벽에 장식해 주세요.

5 링코룬 꽃

필요한 재료

▶ 6" 링코룬 5개, 260 1개, 5" 1개

① 6" 링코룬 풍선 2개를 4.5" 크기로 불어 묶어 주세요.

② 6" 링코룬 풍선 3개를 4.5" 크기로 불어 묶어 주세요.

③ ①번과 ②번을 합하여 5클러스터를 만들어 주세요.

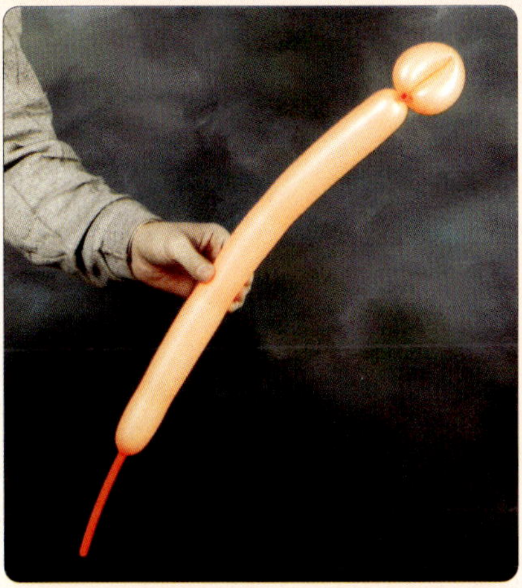

④ 260 풍선 1개를 10㎝ 남기고 불어 주시고,
5㎝ 고리를 만들어 주세요.

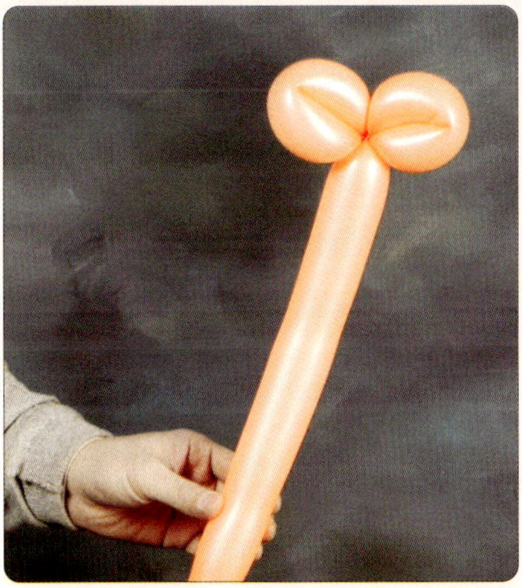

⑤ 5㎝ 고리를 1개 더 만들어 주세요.

⑥ 5㎝ 고리를 2개 더 만들어 고리가 4개
되게 해 주세요.

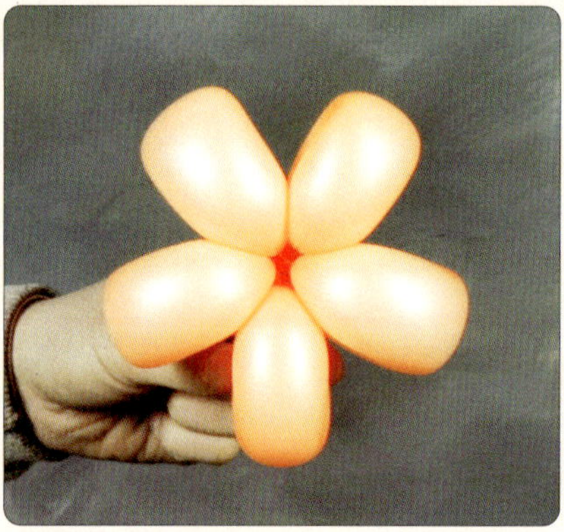

⑦ 1개를 더 만든 후 나머지는 잘라 주시고,
풍선 끝을 꽃잎에 여러 번 감아
꽃잎이 풀리지 않게 해 주세요.

⑧ 5" 풍선을 3" 크기로 불어 묶어 주세요.

⑨ 3" 크기의 풍선 주입구를 이용해
링코룬 꽃을 고정시켜 주세요.

6 액자

필요한 재료

▶ 12" 링코룬 8개, 5" 36개

① 12" 링코룬 풍선 2개를 8.5" 크기로 불어
묶어 주세요.

② 8.5" 크기의 풍선 6개를 더 불어
8개의 고리가 되게 해 주세요.

③ 5" 풍선 4개를 3.5" 크기로 불어
4클러스터를 만들어 주세요.

④ 4클러스터 4개를 8.5" 풍선 8개
고리의 1, 3, 5, 7 풍선 사이에 끼워 주세요.

⑤ 5" 풍선 5개를 3.5" 크기로 불어
5클러스터를 만들어 주세요.

⑥ 5클러스터를 4개 만들어 8개 풍선고리의
2, 4, 6, 8 사이에 끼워 주세요.

7 큐빅

필요한 재료

▶ 12" 링코룬 24개, 5" 72개

① 12" 링코룬 풍선 2개를 8.5" 크기로 불어서
묶어 주세요.

② 5" 풍선 4개를 3.5" 크기로 불어
링코룬 풍선 사이에 끼워 주세요.

③ ②번 풍선 4개를 만들어 주시고
위, 아래의 액자(교재 6번 '액자') 2개 사이에
세로로 4개를 묶어 큐빅을 완성해 주세요.

8 아기거북이 세모

필요한 재료 ▶ 12" 링코룬 6개

① 12" 링코룬 풍선 1개를 7.5" 크기로 불어 묶어 주세요.

② 12" 링코룬 풍선 4개를 6" 크기로 불어 묶어 주세요.

③ 12" 링코룬 풍선 1개를 8.5" 크기로 불어 묶어 주세요.

④ 7.5" 1개, 6" 4개, 8.5" 1개의
순서로 묶어 주세요.

⑤ 6" 크기의 풍선 4개를 잠그기 해 주세요.

⑥ 8.5" 풍선 끝을 6" 크기의 풍선 두 번째와
세 번째 사이에 묶어 거북이를 완성해 주세요.

9 파마한 강아지

필요한 재료

▶ 12" 링코룬 24개, 5" 12개, 260 6개

① 12" 링코룬 풍선 1개를 6" 크기로 불어 묶어 주세요.

② 6" 크기의 풍선 11개를 더 불어 12개를 묶어 주세요.

③ 12" 풍선 6개를 8.5" 2개, 6" 3개, 8.5" 1개 순서로 불어, 풍선 6개를 묶어 주세요.

④ 12" 풍선 6개를 8.5" 1개, 6" 3개, 8.5" 1개, 7" 1개 순서로 불어, 풍선 6개를 묶어 주세요.

⑤ ③, ④번 풍선 12개를 묶어 주세요.

⑥ ②번 풍선 12개와 ⑤번 풍선 12개를 같이 묶어 주시고, 6" 풍선 3번째 조인트와 11번째 조인트를 잠그기 해 주세요.
(※ 조인트 : 풍선과 풍선 사이)

⑦ ⑥번의 8개의 고리 사이에 맨 앞의
풍선 1개만 집어 넣어 주시고,
8개의 고리 중 2~3번째, 6~7번째 풍선을
잠그기 해 사진과 같은 모양을 만들어 주세요.

⑧ 260 풍선을 이용해 꽃잎을 만들어 주세요.
(꽃잎은 교재 5번 작품 '링코룬 꽃'을
참고하세요.)

⑨ 260 꽃잎 2개를 귀 모양 사이에
끼워 주세요.

⑩ 6" 풍선 12개 중 남은 1개는 강아지 목이 되고, 바로 앞의 8.5" 풍선과 6" 풍선 3개를 건넌 후, 8.5" 풍선과 잠그기하면 앞발은 완성됩니다.

⑪ 남은 풍선 중 뒤쪽의 8.5" 풍선끼리 잠그기 해 뒷발까지 완성해 주세요.

⑫ 목 사이에 4클러스터 3.5" 크기의 풍선 2개를 만들어 끼워 주시고, 260 꽃잎 4개를 만들어 강아지 발 사이에 끼워 주세요.

10 줄줄이 사탕 아치

필요한 재료

▶ 아치대 1개, 물통 2개, 6" 링코룬 60개, 11" 170개

① 아치 물통 2개와 아치대를 준비해 주세요.

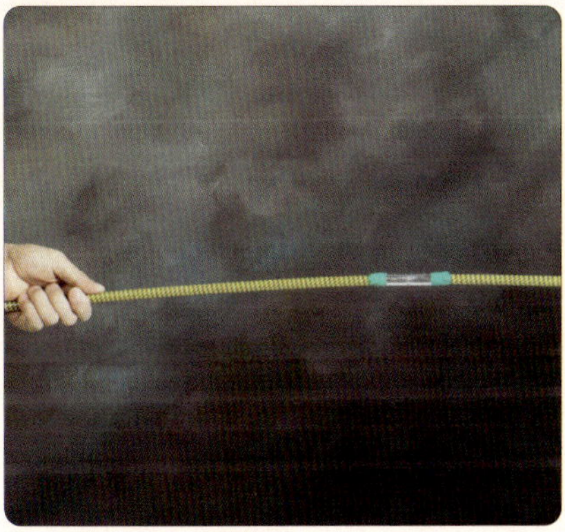

② 아치대 사이사이에 전기 테이프를
감아 주세요.

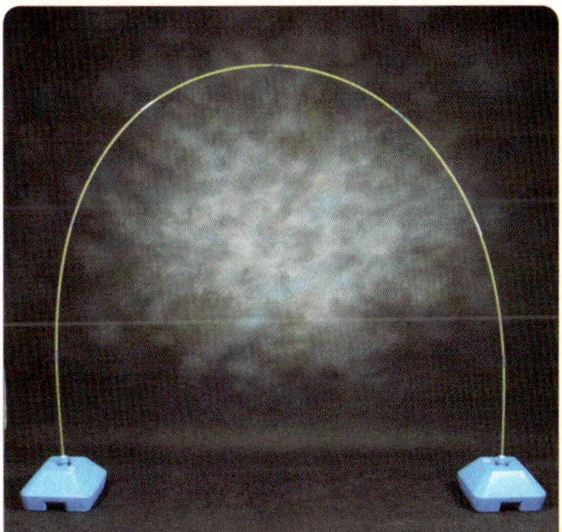

③ 아치 물통에 물을 가득 담아 주시고,
물통과 아치대 사이에도 테이프를
감아 주세요.

④ 11" 풍선 4개를 8.5" 크기로 불어 묶어 주세요.

⑤ 풍선을 아치대에 끼워 주세요.

⑥ 풍선 2개의 위치를 바꾸어 풍선이 아치대에서 빠지지 않게 해 주세요.

⑦ 11" 풍선 4개를 8.5" 크기로 불어 풍선과 풍선 사이에 풍선 모양을 잡아 틈이 없게 끼워 주세요.

⑧ 같은 방법으로 아치를 완성해 주세요.

⑨ 6" 링코룬 풍선 2개를 4.5" 크기로 불어 묶어 주세요.

⑩ 6" 링코룬 풍선을 50~60개 정도 불어 묶고
260 풍선을 연결해 주세요.

⑪ 260 풍선을 아치 첫 번째 단 풍선에
묶어 주시고 꽈배기 모양으로 링코룬 풍선을
감아 주세요.
(마무리도 처음 시작한 방법으로 해 주세요.)

11 헬륨 아치

필요한 재료

▶ 12" 링코룬 13개, 5" 56개, 헬륨 약간

① 5" 풍선 2개를 3.5" 크기로 불어
묶어 주세요.

② 5" 풍선 2개를 더 불어 4클러스터가 되게
해 주세요.
(※ 풍선 안에 물을 넣어 무게추로 사용해 주세요.)

③ 12" 링코룬 풍선을 9.5" 크기로 불어
묶어 주세요.

④ 물을 넣은 4클러스터 풍선 묶음 2개에
각각 9.5" 크기의 풍선을 불어 감아 주세요.

⑤ 나머지 풍선에는 헬륨을 9.5" 크기로 넣어
묶어 주세요.

⑥ 헬륨 풍선 사이사이에 3.5" 크기의
4클러스터 풍선 묶음을 끼워 주세요.

12 큰별

필요한 재료 ▶ 6" 링코룬 25개

① 6" 링코룬 풍선을 4.5" 크기로 2개 불어 묶어 주세요.

② 4.5" 크기의 링코룬 풍선을 23개 더 불어 묶어 25개가 되게 해 주세요.

③ 1번째 풍선 꼭지와 4~5번째 풍선 사이를 묶어 주세요.

④ 풍선 1개를 말아넣기해서 4각형 아래쪽은
풍선이 2개가 되게 해 주세요.

⑤ 다시 풍선 4개를 잠그기 해
4각형 모양이 되게 해 주세요.

⑥ 사각형 아래에 풍선 2개가 되게 해 주세요.

⑦ 4각형 모양이 5개가 되게 해 주시고
처음과 끝을 묶어 별 모양이 되게 해 주세요.

⑧ 4각형 풍선 중 3번째 풍선을 비틀어
별을 완성해 주세요.

13 에드벌룬

필요한 재료 ▶ 12" 링코룬 30개, 5" 60개

① 12" 링코룬 풍선 2개를 8.5" 크기로 불어
묶어 주세요.

② 12" 링코룬 풍선 3개를 8.5" 크기로 불어
8.5" 풍선이 5개가 되게 해 주세요.

③ ②번 묶음의 풍선을 2개 만들어 주세요.

④ 8.5" 크기의 풍선 10개를 불어 묶어 주세요.

⑤ 5개의 풍선 묶음 사이에 8.5" 크기의 링코룬 풍선을 불어 묶어 주세요.

⑥ 노란색 링코룬 풍선을 10개 풍선 고리의 1, 3, 5, 7, 9번째 조인트에 묶어 주세요. ⑤번의 풍선 묶음을 1개 더 만들어 10개 고리 아래에도 2, 4, 6, 8, 10번째 조인트에 묶어 둥근 공 모양을 완성해 주세요.
(조인트 : 풍선과 풍선 사이)

⑦ 5" 풍선 3개를 3.5" 크기로 불어 묶어 주세요.

⑧ 3.5" 크기의 풍선을 12" 링코룬 풍선이
만나는 곳마다 달아 주세요.

14 풍선볼 리스

필요한 재료 ▶ 12" 링코룬 6개, 5" 24개

① 12" 링코룬 풍선을 8" 크기로 불어 묶어 주세요.

② 5개를 더 불어 8" 크기의 풍선이 6개가 되게 해 주세요.

③ 5" 풍선 2개를 3.5" 크기로 불어 묶어 주세요.

④ 5" 풍선 묶음을 풍선과 풍선 사이에 끼워 주세요.

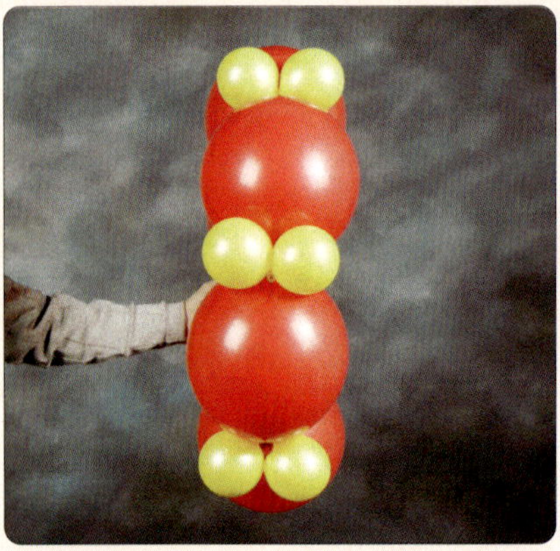

⑤ 5" 풍선끼리 위치를 바꿔 5" 풍선이 빠지지 않게 해 주세요.

⑥ 5" 풍선 4개를 3.5" 크기로 불어 묶어 주세요.

⑦ 4클러스터(풍선 4개 묶음) 3개를 불어 주세요.
(※ 4개의 풍선 묶음 3개)

⑧ 풍선 12개를 합쳐 풍선볼을 만들어 주세요.

⑨ 풍선볼을 낚싯줄을 이용해 리스 아래에
달아 주세요.

15 반짝이 풍선볼

필요한 재료

▶ 11" 12개, 11" 클리어 12개, 5" 15개, 260 5개

① 11" 핑크색 풍선을 말아 클리어 풍선 안에 넣어 주세요.
(※ 이중 풍선)

② 이중 풍선 2개를 8" 크기로 불어 묶어 주세요.

③ 2개를 더 불어 4클러스터가 되게 해 주세요.

④ 4클러스터 3개를 만들어 4클러스터 2개를 합치고, 풍선 8개와 4클러스터를 합쳐 풍선볼을 만들어 주세요.

⑤ 5" 풍선 15개를 3.5" 크기로 불어 주시고 260 풍선을 1/3 크기로 잘라 3.5" 크기의 풍선 주입구에 묶어 주세요.

⑥ 5" 풍선을 풍선볼에 감아 반짝이 볼을 완성해 주세요.
(※ 260 풍선을 이용해 대각선으로 끼우시면 됩니다.)

16 Happy Day 베너

필요한 재료 ▶ 12" 링코룬 7개, 5" 48개

① 12" 링코룬 빨간색 풍선 2개를 8.5" 크기로 불어 묶어 주세요.

② 12" 링코룬 노란색 풍선 3개를 8.5" 크기로 불어 묶어 주세요.

③ 빨간색 2개, 노란색 3개, 빨간색 2개 순서로 풍선 7개를 8.5" 크기로 불어 묶어 주세요.

④ 5" 풍선 4개를 3.5" 크기로 불어 묶어서
8.5" 크기의 풍선 사이사이에 끼워 주세요.

⑤ 5" 풍선을 3.5" 크기로 12개 불어
4클러스터 3개를 만들어 주시고,
풍선볼을 완성해 볼에 260 풍선을
이어 주세요.

⑥ 풍선볼을 링코룬 풍선 끝에 260 풍선을
이용해 고정시켜 주세요.

17 주사위

필요한 재료 ▶ 12" 링코룬 48개, 5" 78개

① 12" 링코룬 풍선 4개를 8.5" 크기로 불어 묶어 주세요.

② 5" 풍선 1개를 3.5" 크기로 불어, 4클러스터 가운데에 달아 주세요.

③ ②의 풍선 묶음을 정육면체(교재 7번 작품 '큐빅' 참고)에 끼워 묶어 주세요.
(※ ②의 풍선 묶음 6개 필요함)

18 풍선소품 장식대

필요한 재료

▶ 우드락(케이크 받침), 낚시줄, 11" 20개

① 우드락을 지름 40㎝ 크기로 2개
잘라 주세요.
(※ 케이크 받침을 사용해도 됩니다.
풍선 가게에서 구입 가능.)

② 정중앙을 기준으로 3~4㎝ 좌우 옆으로
구멍을 2개 뚫어 낚싯줄을 묶어 주세요.

③ 11" 노란색 풍선 2개를 8.5" 크기로 불어
묶어 주세요.

④ 11" 오렌지색 풍선 2개를 8.5" 크기로
불어 묶어 주세요.

⑤ 노란색과 오렌지색 풍선을 합쳐
4클러스터가 되게 해 주세요.

⑥ 4클러스터 풍선을 우드락 위에 올려 놓고
낚싯줄을 이용해 단단히 고정시켜 주세요.

⑦ 풍선 4개를 8.5" 크기로 불어 1번째
풍선 위에 올려 낚싯줄로 고정시켜 주세요.

⑧ 5단이 되게 풍선을 쌓아 주세요.

⑨ 위의 우드락도 구멍을 뚫어 낚싯줄로
단단히 고정시켜 주세요.
(※ 우드락 위에 장식하고 싶은 풍선 작품을
올려 주세요.)

19 다이아몬드 기둥

필요한 재료

▶ 12" 링코룬 36개, 5" 48개

① 12" 링코룬 빨간색 풍선을 9" 크기로 불어 묶어 주세요.

② 9" 크기의 빨간색 풍선을 9개 묶음으로 2줄을 만들어 주세요.

③ 12" 링코룬 흰색 풍선을 9" 크기로 불어 묶어 주세요.

④ 9" 크기의 흰색 풍선을 9개 묶음으로
2줄을 만들어 주세요.

⑤ 9개짜리 풍선 묶음 4개를 같이 묶어 주세요.

⑥ 풍선 묶음의 3번째 풍선끼리 잠그기 해
다이아몬드 모양 1개를 만들어 주세요.

⑦ 6번째 풍선끼리 돌려 잠그기 해,
2번째 다이아몬드를 만들어 주세요.

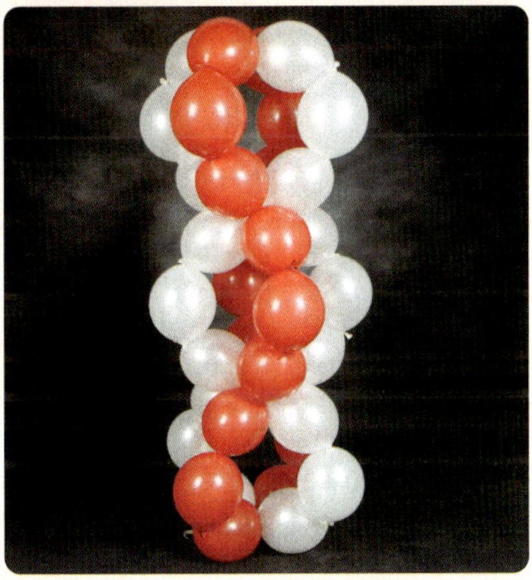

⑧ 9번째 풍선 끝끼리 묶어서
3번째 다이아몬드를 완성해 주세요.

⑨ 5" 풍선 2개씩 3.5" 크기로 불어서
다이아몬드 모양의 풍선과 풍선
사이에 끼워 주세요.

(※ 12" 링코룬 풍선 1번째와 2번째 사이에
물을 넣은 풍선을 달아 무게를 잡아 주세요.
물을 넣은 풍선 8개 필요.)

20 우산기둥

필요한 재료

▶ 12" 링코룬 5개, 11" 9개, 5" 24개

① 11" 풍선 2개를 9" 크기로
불어 묶어 주세요.

② 9" 크기의 풍선 2개를 더 불어
4클러스터가 되게 해 주세요.

③ 5" 풍선 2개를 3.5" 크기로
불어 묶어 주세요.

④ 3.5" 크기의 풍선 2개를 더 불어
4클러스터가 되게 해 주세요.
(※ 4클러스터 6개 필요함.)

⑤ 12" 링코룬 풍선 5개를 9.5" 크기로
불어 묶어 주시고, 하단의 4클러스터와
링코룬 풍선 사이에 3.5" 크기의 4클러스터
풍선을 끼워 주세요.
(※ 4~5번째 풍선은 헬륨을 넣어 주세요.)

⑥ 3.5" 크기의 4클러스터 풍선을
링코룬 풍선 사이사이에 끼워 주세요.

⑦ 11" 풍선을 9" 크기로 5개 불어
묶어 주세요.

⑧ ⑦번의 풍선에 헬륨을 넣어
링코룬 풍선 끝에 묶어 주세요.
(※ 풍선조각, 낚싯줄, 마운트를 이용해 헬륨을
사용하지 않고 헬륨 효과를 내 보세요.
본 교재 풍선 장식 기본 바. 11P 참고)

21 풍선 꽃기둥

필요한 재료 ▶ 120㎝ 알미늄 로드 1개, 물통 1개
11" 20개, 5" 44개, 350 5개

① 물통에 물을 받아 준비해 주시고,
18~20㎜ 알미늄 로드 120㎝를
끼워 주세요.
(※ 물통과 알미늄 로드가 없을 때에는
낚싯줄로 풍선 단을 쌓아 주세요.)

② 11" 풍선을 8.5" 크기로 2개
불어 묶어 주세요.

③ 8.5" 크기의 풍선 2개를 더 불어
4클러스터가 되게 해 주세요.

④ 풍선을 알미늄 로드에 끼워 주세요.
(※ 낚싯줄로 엮어 갈 때에는 12호 이상을
사용해 주시고, 4 or 5호는 2줄로 만들어
풍선 단을 엮어 주세요.)

⑤ 풍선 4개를 8.5" 크기로 불어
알미늄 로드에 끼워 주세요.

⑥ 5" 풍선 2개를 4" 크기로
불어서 묶어 주세요.

⑦ 4" 크기로 풍선 2개를 더 불어
4클러스터가 되게 해 주세요.

⑧ 8.5" 크기 위에 4" 크기의 풍선을
끼워 주세요.

⑨ 5" 풍선 4개를 4" 크기로 불어
알미늄 로드에 끼워 주시고,
풍선과 풍선 사이에 틈이 없게
풍선을 약간 눌러 주세요.
(※ 4" 크기의 풍선 단을 11단 정도 불어 끼워 주세요.)

⑩ 11" 풍선 5개를 8.5" 크기로 불어서
5클러스터가 되게 해 주세요.

⑪ 8.5" 크기로 5클러스터 1개를
더 만들어서 2개가 되게 해 주세요.

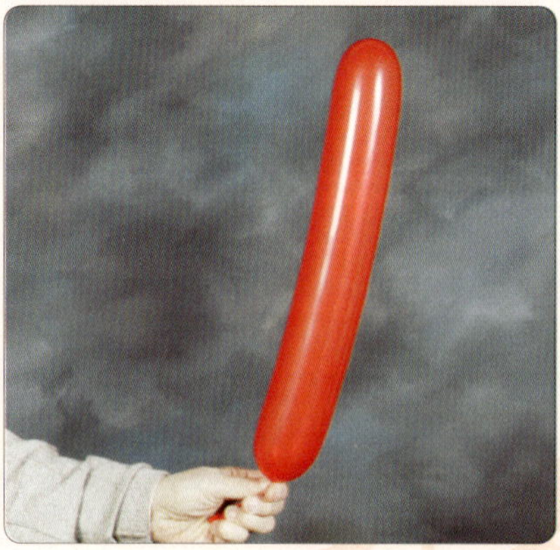

⑫ 350 풍선을 35㎝ 크기로 불어서
묶어 주세요.

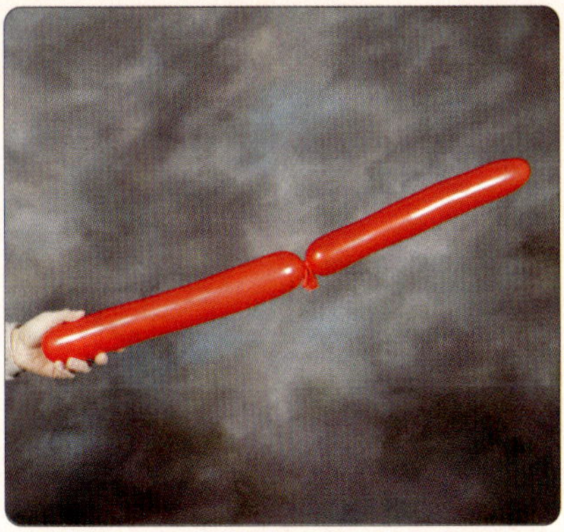

⑬ 35㎝ 크기의 풍선 1개를 더 불어
2개가 되게 해 주세요.

⑭ 350 풍선으로 35㎝ 크기의 풍선
3개를 더 불어 5개를 묶어 주세요.

⑮ 5클러스터, 350, 5클러스터 순서로
겹쳐 주세요.

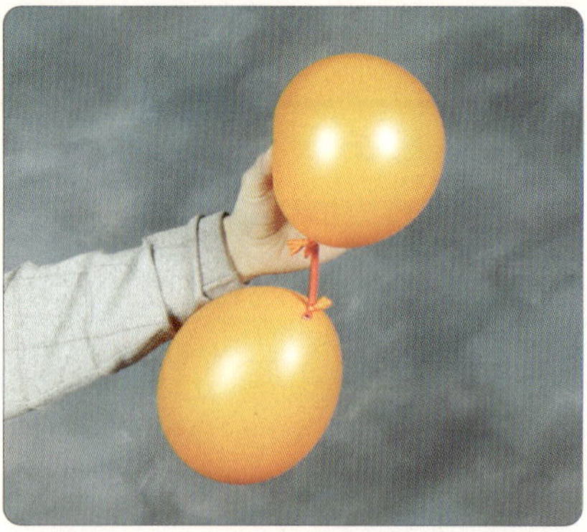

⑯ 11" 풍선 2개를 6" 크기로 불어 주시고, 6" 풍선 사이에 260 풍선 10㎝ 가량을 이어 주세요.

⑰ 5클러스터, 350, 5클러스터 사이에 6" 크기의 풍선을 끼워 주세요.

⑱ 꽃 모양을 위에 끼워 주세요.

22 오렌지

필요한 재료 ▶ 5" 12개, 260 3개

① 5" 풍선 2개를 4" 크기로 불어 주세요.

② 4" 크기로 2개를 더 불어 4클러스터가 되게 해 주세요.

③ 5" 풍선 4개를 조금 더 큰 4.5" 크기로 불어 주세요.

④ 4.5" 크기의 풍선 주입구를 당겨 주세요.

⑤ 4" 크기의 풍선 주입구도 당겨서
4.5" 크기의 풍선 주입구 1개와
묶어 주세요.

⑥ 4" 크기의 풍선 4개를 더 불어 주시고
풍선 주입구를 이용해 묶어 주세요.
(3단이 됨.)

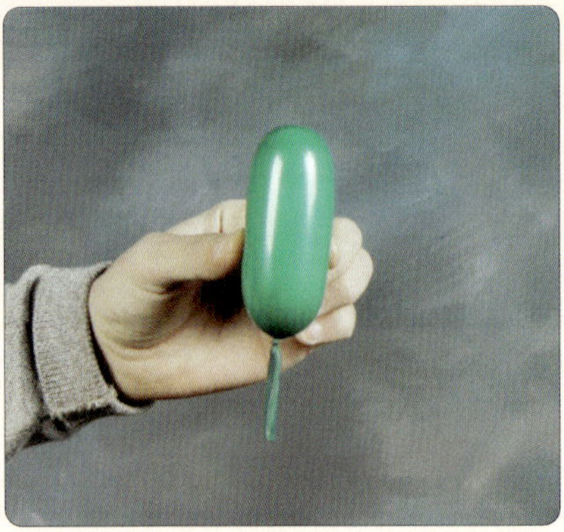

⑦ 260 녹색 풍선을 7㎝만 불어
묶어 주시고 나머지는 잘라 주세요.

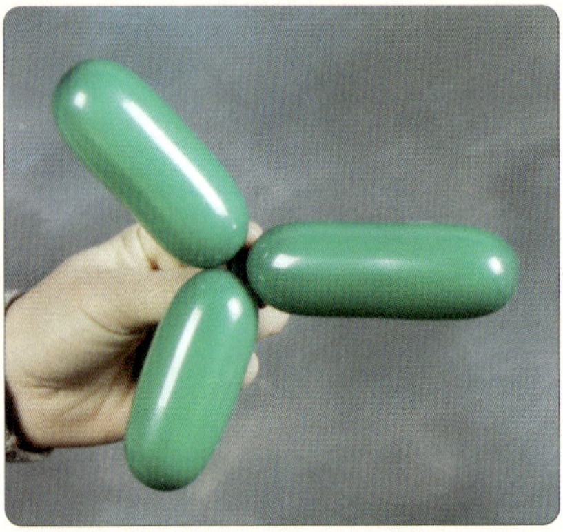

⑧ 260 녹색 풍선 2개를 7~8㎝ 크기로
2개 불어 묶어서 3개가 되게 해 주세요.

⑨ 260 녹색 풍선을 4" 크기 풍선에
고정시켜 오렌지를 완성해 주세요.

23 헬륨볼 아치

필요한 재료 ▶ 18~20㎜ 알미늄 로드 120㎝ 2개, 물통 2개,
11" 76개, 5" 124개, 260 1개, 헬륨 약간

① 물통과 18 ~ 20㎜ 알미늄 로드
120㎝ ~ 150㎝ 가량을 준비해 주세요.

② 11" 풍선 2개를 8.5" 크기로
불어서 묶어 주세요.

③ 8.5" 크기의 풍선 3개를 더 불어
5클러스터가 되게 해 주세요.

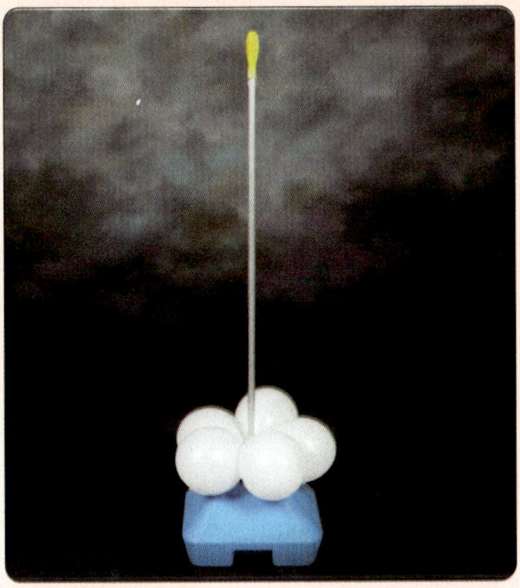

④ 5클러스터 풍선을 알미늄 로드에
끼워 주세요.

⑤ 8.5" 크기 5클러스터를 1개
더 만들어 풍선과 풍선 사이에
틈이 없게 끼워 주세요.

⑥ 5" 연두색 풍선 2개를 4" 크기로
불어서 묶어 주세요.

⑦ 5" 풍선 2개를 4" 크기로 불어 주세요.

⑧ 5" 노란색 풍선 1개를 4" 크기로 불어서
묶어 주세요.

⑨ 5개의 풍선을 합쳐
5클러스터가 되게 해 주세요.

⑩ 4" 크기의 풍선을 8.5" 크기의 풍선 위에
끼워 주세요.

⑪ 4" 크기의 5클러스터 1개를 더 만들어
알미늄 로드에 끼워 주세요.

⑫ 4" 크기의 풍선 단을 8개 더 불어
10단이 되게 해 주세요.

⑬ 5" 노란색 풍선 4개를 4" 크기로
불어서 묶어 주세요.

⑭ 5" 오렌지색 풍선 4개를 4" 크기로
불어서 묶어 주세요.

⑮ 5" 연두색 풍선 4개를 4" 크기로
불어서 묶어 주세요.

⑯ 4" 크기의 풍선 12개를 4개씩 합쳐
풍선볼이 되게 해 주시고,
260풍선 10㎝를 잘라 묶어 주세요.

⑰ 11" 크기의 풍선으로 8.5" 크기의
5클러스터 2개를 더 만들어 알미늄 로드에
끼워 풍선 기둥을 완성해 주세요.

⑱ 4" 크기의 풍선 볼을 8.5" 크기 풍선
맨 위에 260 풍선을 이용해
고정시켜 주세요.

⑲ 18번 풍선 기둥을
1개 더 만들어 주세요.

⑳ 11" 풍선 연두 4개, 노랑 4개,
오렌지 4개를 9.5" 크기로 헬륨을
넣어 풍선볼을 만들어 주세요.
(풍선볼 3개를 만들고 4 or 5호 낚싯줄에
끼워 아치 모양이 되게 해 주세요.)

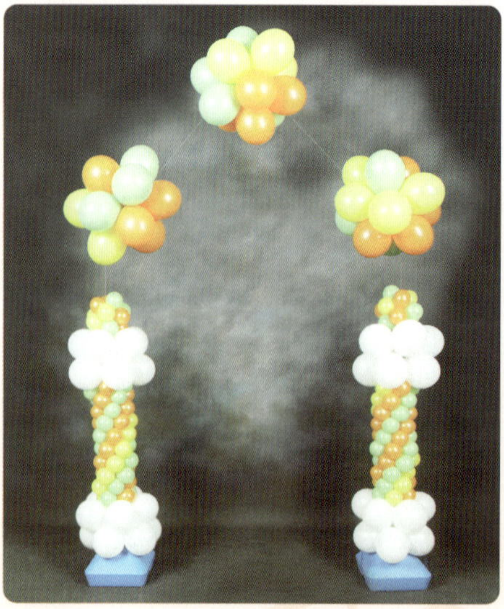

㉑ 헬륨을 넣은 풍선볼을 낚싯줄을 이용해
풍선 기둥 맨 위 4" 크기의 풍선볼에
묶어 풍선볼 아치를 완성해 주세요.
(※ 장식할 장소의 폭과 높이에 따라
낚시줄의 길이를 조절해 주세요.)

24 꽈배기 아치

필요한 재료 ▶ 아치대 1개, 물통 2개,
260 16개, 9" 12개, 5" 56개

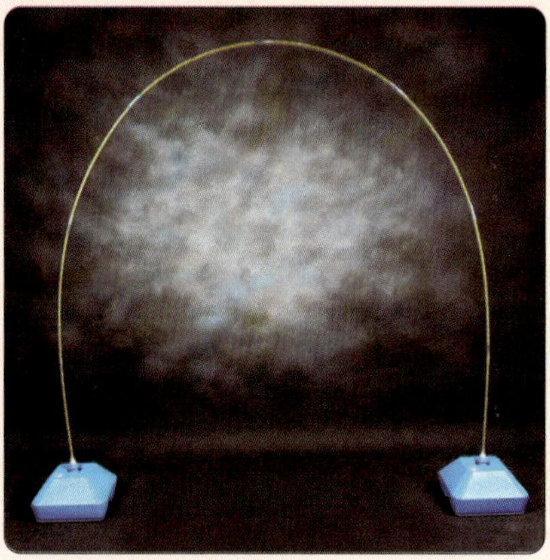

① 아치 물통에 물을 가득 채워 주시고
아치대 사이사이에 전기 테이프를
잘 감아 주세요.

② 9" 빨간색 풍선 4개를 8" 크기로
불어 주세요.

③ 8" 크기의 빨간색 풍선을
아치대에 끼워 주세요.

④ 5" 빨간색 풍선 4개를 4.5" 크기로
불어서 묶어 주세요.

⑤ 4.5" 크기의 빨간색 풍선을 8" 크기의
풍선 위에 끼워 주세요.

⑥ 5" 노란색 풍선 4개를 4" 크기로 불어서
묶어 주세요.

⑦ 4.5" 크기 풍선 위에 노란 풍선을
끼워 주세요.

⑧ 260 하얀색, 노란색, 오렌지색, 빨간색
풍선을 2㎝ 남기고 불어 2개씩 묶어 주세요.

⑨ 260 풍선 4개를 같이 묶어 주세요.

⑩ 260 풍선 주입구(같이 묶은 부분) 부분을
노란색 풍선에 끼워 주세요.
260 풍선이 빠져나가지 않게 노란색 풍선
1개로 260 풍선 1개를 한 바퀴 돌려 주세요.

⑪ 260 풍선 4개를 사선으로 잘 돌려 주세요.

⑫ 끝부분을 잘 맞춰 2개씩 2개씩 묶어 주세요.

⑬ 오른쪽, 왼쪽을 똑같이 만들어 주세요.

⑭ 5" 노란색 풍선 4개를 4" 크기로 불어서 묶어 주세요.

⑮ 4" 크기 노란색 풍선 4클러스터를 오른쪽, 왼쪽에 하나씩 잘 끼워 주세요.

⑯ 5" 빨간색 풍선 4개를 4" 크기로 불어서 묶어 주세요.

⑰ 4" 크기 빨간색 풍선을 노란색 풍선 위에 끼워 주세요.

⑱ 4" 크기의 노란 풍선을 빨간 풍선 위에 끼워 주시고 13번을 참고하여서, 260 풍선 8개로 아치대를 감아 주세요.

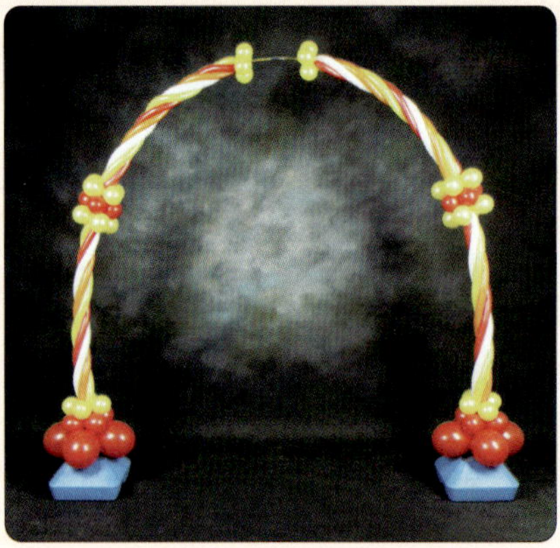

⑲ 4" 크기의 노란색 풍선 4클러스터 2개를
불어 오른쪽, 왼쪽에 하나씩 끼워 주세요.

⑳ 5" 빨간색 풍선을 4.5" 크기로
4클러스터 2개를 만들어 주세요.

㉑ 9" 빨간색 풍선 4개를 7" 크기로
불어 주세요.

㉒ 4.5" 크기의 빨간색 풍선 4클러스터 2개를 끼워 주세요.

㉓ 7" 크기의 빨간색 풍선 4클러스터 1개를 가운데에 끼워 주세요.
(※ 아치대의 길이에 따라 라운드 풍선의 단을 늘려 주세요.)

25) 아기 기린

필요한 재료

▶ 12" 링코룬 41개, 260 3개, 5" 86개

① 5" 풍선 4개에 3.5" 크기로 물을 담아 묶어서 4클러스터가 되게 해 주세요.

② 12" 링코룬 풍선 3개를 6.5" 크기로 불어서 묶어 주세요.

③ 5" 풍선 4개를 3.5" 크기로 불어서 묶어 주세요.

④ 6.5" 풍선사이 사이에 3.5" 크기의 4클러스터 풍선을 끼워 주세요.

⑤ 4번의 풍선을 물을 넣은 풍선 클러스터에 잘 묶어 주세요.

⑥ 5번과 똑같은 모양을 4개 만들어 주세요. (기린 다리 4개)

⑦ 12" 링코룬 풍선 4개를 6.5" 크기로 불어서
4클러스터로 만들어 주세요.

⑧ 6.5" 크기의 풍선 2개를 더불어
4클러스터 풍선 하나와 묶어 주세요.

⑨ 2개의 풍선 중 묶지 않은 풍선을
옆의 풍선과 잘 묶어 주세요.
(기린 몸통 1/3 완성)

⑩ 9번과 같은 모양 2개를 더 만들어서 기린의 몸통조각 3개를 잘 묶어 주세요.

⑪ 처음과 끝의 풍선을 묶어서 둥근 모양을 만들어 주세요.

⑫ 6.5" 크기의 풍선 3개를 불어 묶어 주시고 3개를 더 불어 주세요.(3개짜리 풍선 2개 필요)

⑬ 3개의 풍선을 기린몸통 앞에 묶어 주세요.
(기린의 몸통 앞뒤에는 묶을 수 있는 곳이 3군데뿐임.)

⑭ 3개의 풍선은 기린 몸통 뒤에도 묶어 주세요.

⑮ 먼저 기린 다리의 위치를 잡은 다음 몸통과 다리를 묶어 주세요.

⑯ 5" 풍선 2개를 3.5" 크기로 불어 몸통과 다리가 만나는 곳에 2개씩 4군데 끼워 주세요.

⑰ 6.5" 크기의 풍선 4개를 이어 주세요.(기린 목)

⑱ 6.5" 크기의 풍선 1개를 더 이어 주세요.
(기린 얼굴)

⑲ 6.5" 풍선 사이사이에 3.5" 크기의
4클러스터 풍선을 끼워 주세요.

⑳ 260 풍선 1개를 15㎝ 남기고 불어 주시고
앞에는 튤립꼬기 해 주세요.

㉑ 20㎝만 남기고 잘라 주시고, 20㎝ 크기의
풍선을 1개 더 만들어 2개를 묶어 주세요.
(기린 귀)

㉒ 머리에 귀를 끼워 주시고 얼굴 앞쪽에
3.5" 크기 풍선 1개를 불어 묶어 주세요.
(기린 몸통 앞쪽에 기린 목을 묶어 주세요.)

㉓ 몸통에 6.5" 크기의 풍선이 만나는 곳에
3.5"크기의 풍선을 달아 주시고,
귀와 같은 모양의 풍선을 꼬리에 달아
기린을 완성해 주세요.